NETWORK MARKETING
LAS 7 DESVENTAJAS

EL LIBRO QUE TE HARÁ ODIAR O ENAMORARTE DE ESTA INDUSTRIA

Network Marketing - Las 7 Desventajas

Todos los derechos reservados, lo que incluye el derecho de reproducir este libro o porciones de él en cualquier forma.

Maquetación y diseño por Lorena Marciss
Publicado por Amazon

Gracias a mi familia, por haberme criado en un entorno que me ha dado las herramientas para desarrollarme.

Gracias a mis mentores, de los cuáles cada día aprendo y a cada una de las personas que un día no creyeron en mí e indirectamente forjaron mi carácter al hacerme más fuerte.

A todos y cada uno de los autores de los libros que he leído, esos que tanto me hicieron abrir los ojos y los cuáles me sirven de apoyo para seguir creciendo.

CONTENIDO

Introducción..9

Desventaja 1 Edificación en tu entorno................17

Desventaja 2 Habilidades de creación de equipos de trabajo...32

Desventaja 3 Capacidad para conectar al sistema de trabajo de la compañía...44

Desventaja 4 Habilidades sociales........................58

Desventaja 5 Las redes sociales...........................66

Desventaja 6 Mentalidad mediocre.......................79

Desventaja 7 No tenemos educación financiera.....90

Conclusión. Opinión personal................................97

Seguramente hayas iniciado recientemente en Network Marketing, estés entusiasmado y pienses que te vas a comer el mundo.

Seguramente pretenderás conseguir en 30 días lo que no has conseguido en toda tu vida y por eso mismo, para mí es muy importante que leas este libro, para que conozcas las desventajas que te vas a encontrar en este mundo de Networkers.

Ventajas como tener ingresos ilimitados, trabajar desde donde quieras, con quien quieras, a través de redes sociales, sin jefes y sin horarios, puede que ya las conozcas pero conozco pocos libros que te hablen de las desventajas de esta industria.

Una vez que conozcas tanto las ventajas como las desventajas del Network Marketing, vas a poder explicar muchísimo mejor esta grandiosa industria que en lo particular a mí me lo ha dado todo después de 7 años de duro e intenso trabajo.

Antes de seguir voy a volver a enumerar algunas de las ventajas de este modelo de negocio. Hay muchas. Voy a mencionar las que suelo decir en mis presentaciones a mis prospectos.

VENTAJA 1 En todas las compañías de Network Marketing hay un plan de carrera mucho mejor al de cualquier empleo. Te permiten ascender sin que tu jefe sea despedido.

VENTAJA 2 Los ingresos van creciendo conforme aumentas tu liderazgo y compromiso subiendo de rango en ese plan de carrera al que todos, independientemente de sus estudios, idiomas o clase social, pueden acceder.

VENTAJA 3 Eliges con quién trabajar, en qué país y de qué manera. Obviamente hay un sistema y unas recomendaciones pero eres libre de elegir cómo hacerlo bajo tu propio criterio. Puedes aprender de errores o mentores, eso ya depende de ti.

VENTAJA 4 No tienes que desplazarte a ninguna oficina física, puedes trabajar desde tu casa en pijama y pasar más tiempo con tu familia.

VENTAJA 5 El Network Marketing te permite conocer otros países y culturas de una manera real. Nada de hoteles de 5 estrellas y las típicas excursiones que hace todo el mundo. Conocerás gente de la zona y te llevarán a lugares donde van los residentes de ese lugar.

VENTAJA 6 Te reconocen mucho más que en tu trabajo. El reconocimiento es una de las 3 motivaciones del ser humano y en esta industria se trabaja mucho más que en un empleo. El ser humano trabaja mejor si es reconocido.

VENTAJA 7 Puedes tener un negocio a un coste bajísimo comparado con un negocio tradicional o una franquicia. La barrera de entrada es muy baja y por aproximadamente 500$ tienes tu propio negocio. Piensa en cuánto cuesta un negocio tradicional como un restaurante y compara. Además, si te va mal, no te endeudas con el banco como pasa en muchos negocios tradicionales.

Podría seguir escribiendo sobre más beneficios que tiene el Network Marketing pero mi objetivo no es hablar de lo bonito de esta industria, sino de las desventajas, de lo que tendrás que superar para realmente disfrutar del estilo de vida que todo el mundo quiere cuando recién ve su primera presentación, pensando que se va a comer el mundo, pero luego no ocurre lo que se esperaba.

Hace 7 años cuando tenía 20 años, empecé en Network Marketing porque quería un cambio. No estaba cómodo con mi situación actual y sobre todo quería solucionarme la vida económicamente cuanto antes.

Escuché las bondades de este negocio pero nadie me explicó en el líder en el cual me tenía que convertir para que este negocio me funcionara a mí, porque todos tienen el mismo producto o servicio, el mismo plan de compensación, el mismo corporativo y las mismas reglas del juego.

Este negocio funciona para quien realmente es la persona adecuada. Déjame recordarte que si no eres la persona adecuada, ni este modelo de negocio, ni ningún otro negocio tradicional te funcionará.

Un día de reflexión me di cuenta de que había leído, a lo largo de varios años, muchísimos libros acerca de esta industria y estos se enfocaban más en las ventajas de emprender y las habilidades para tener resultados. Todos los libros que he leído han sido buenísimos y me han ayudado durante todo este tiempo pero reconozco que me habría venido genial leer libros que me vacunasen de lo que al 99% de personas les sucede cuando comienzan.

Reconozco que en la mayoría de mis formaciones a los equipos, a parte de habilidades, hago incapié en las desventajas que van a experimentar, incluso en los cierres de presentaciones, cuando el prospecto todavía no ha tomado una decisión, vacuno a toda la sala para que tengan una idea más clara de lo que viene a continuación una vez deciden comenzar en este emprendimiento.

Todos, de una manera u otra, nos enfrentamos a críticas, personas que no nos apoyan, situaciones complejas con socios, equipos y líderes y en este libro simplemente expongo la serie de desventajas con las que más me he topado yo y sigo haciéndolo a día de hoy, tanto por experimentación propia como por experimentación de los nuevos integrantes a mi negocio.

Probablemente te sientas identificado en alguna de estas a lo largo de la lectura de este libro, ya sea porque las has vivido o porque alguna de las personas que conoces lo han hecho.

Con esto, no pretendo ni mucho menos desprestigiar esta increíble industria ya que me lo ha dado todo y es gracias a ella por la cuál estoy viviendo a día de hoy una de las mejores etapas de mi vida, donde más ingresos he generado y mejores experiencias he vivido.

Simplemente quiero hacerte llegar a ti, que estás al otro lado, que el camino es duro y tendrás que enfrentarte a adversidades, las cuáles si no estás preparado, es probable que se te pase por la cabeza abandonar y lo hagas.

A mi también se me pasó pero gracias a todo lo que había leído y las personas con las que me rodeé, me formé y me mentoreé, pude continuar en este camino, el cual para mí es el mejor para no dejar de crecer y llegar a una vida de éxito.

No importa en qué fase del emprendimiento te encuentres, no importa que hayas alcanzado la cima o no hayas tenido ningún resultado nunca.

Este libro no solo está dirigido para aquellos que comienzan sino para todas las personas que se encuentran involucradas en este modelo de negocio como es el Network Marketing.

Si acabas de comenzar a emprender, enhorabuena, este es el libro que me habría encantado leer al comienzo de mis días.

No encajaría este libro en la sección de habilidades del Network Marketing y tampoco lo encajaría en la sección de mentalidad.

Es un libro en el cuál me abro y hablo de todo lo que puedes afrontar y los consejos que te podrían ayudar en esta aventura.

Si ya tienes resultados, te va a ayudar a darle la visión a aquellas personas que se han asociado a tu negocio y van un poco perdidas, con altas expectativas o con un concepto equivocado.

Como decía en párrafos atrás, este negocio solo va a funcionarle a aquellas personas que tienen la mentalidad adecuada, la cuál se va trabajando poco a poco, por tanto primero debes trabajar el ser para después tener.

En los siguientes capítulos te lo detallo.
Sigue leyendo.

CAPÍTULO 1
PRIMERA DESVENTAJA EDIFICACIÓN EN TU ENTORNO

Cuando recién firmas en tu compañía de Network Marketing, puede que esta sea la primera vez que comienzas un emprendimiento. De hecho para el 95% de las personas que empiezan en Network Marketing, seguramente sea la primera vez que emprendan.

Las universidades actuales no preparan emprendedores, preparan trabajadores que sigan órdenes de un jefe. Preparan conformistas que quieran un ingreso normal y una vida ordinaria.

Si es tu primera vez haciendo negocios y si es la primera vez que sales del cascarón para enfrentarte al mundo real de ahí fuera, seguramente no sepas ni cómo funciona ni lo que te espera y probablemente pienses que es más fácil de lo que realmente es.

Ciertamente, el éxito en cualquier sector requiere de sacrificio y muchísimo esfuerzo constante durante un tiempo para alcanzar cualquier objetivo tanto a nivel deportivo como a nivel empresarial. De hecho, me gusta comparar mucho la disciplina en el deporte con la disciplina necesaria para el Network Marketing.

Piensa un momento cuánto esfuerzo le ha llevado a Floyd Mayweather ser el mejor boxeador de la historia sin recibir una sola derrota. Cuántas horas habrá entrenado, cuánto estrés habrá sufrido, cuántas críticas habrá recibido durante toda su carrera, cuántos *haters* tendría al principio, cuántos tiene ahora y cuántos tendrá cuando se muera por el simple hecho de haber marcado un antes y un después, no solo en su deporte sino en el mundo del deporte en general.

Sin embargo tú, quieres entrar en una industria con más de 7 millones de personas y ser del 1% que marca la diferencia y gana mucho dinero en apenas 30 días o quizá en unos meses o un año.

Déjame decirte que eso no pasa ni aquí, ni en un negocio tradicional ni en cualquier meta que te propongas de cualquier índole.

Un error de muchos presentadores de oportunidades de Network Marketing es decir que la gente conseguirá éxito rápido y garantizado. Si eres un líder que reúne las características adecuadas porque previamente a iniciarse en Network Marketing ya tenía las habilidades, puedo estar de acuerdo en que tendrás éxito rápido pero como en cualquier otra profesión, depende de que dediques más de 10.000 horas a ser un profesional, de lo contrario déjame aclarar que primero tendrás que desarrollar las habilidades y capacidades correspondientes para posteriormente tener esos ingresos residuales tan bonitos, tan altos y que tan bien nos venden en las presentaciones del negocio.

Volviendo al título de este capítulo, pienso que aproximadamente un 95% de personas no están edificadas en su entorno social, es decir, en el círculo de amistades de esa persona, no le tienen un respeto como empresaria.

Si no te respetan como empresario, es jodido que al comenzar en este negocio te vaya bien. Tienes un alto porcentaje de que se burlen de ti y eso es totalmente normal.

Recuerdo con 20 años empezar en mi primera compañía de Network Marketing y no tener resultados, no porque no supiera o fuera tonto, sino simplemente porque no era la persona correcta para hacer negocios, no solo de Network Marketing sino cualquier otro tipo de negocios. De hecho, tenía un negocio de alquiler de habitaciones para estudiantes erasmus en Valencia (España) y no, en los primeros años no generaba ingresos porque era un novato emprendiendo pero no me quejaba, entendía el proceso de la curva de aprendizaje.

Me llevé más noes en mi primer año que en toda mi vida hasta el momento. De hecho, nunca me había enfrentado tanto al rechazo y eso es algo que el ser humano odia porque te hace sentir indefenso y a nadie le gusta que le digan que no.

En un libro leí que en los primeros 3 años de un bebé, éste recibe 400.000 noes y aquí las personas reciben 100 noes y se frustran viniéndose abajo. ¿No deberíamos estar acostumbrados a escucharlos?. No tiene sentido ¿verdad? Sigamos.

En mi primer año, todo el mundo me decía que era una estafa, que estaba en una pirámide, que tuvieron un primo que tenía un vecino que el novio de la cuñada probó algo de eso y le fue mal. ¡Hasta mi madre me dijo que ya estuvo en algo así y no le fue bien!

Un sinfín de objeciones que si no estás educado, te roban el sueño porque no eres capaz de soportar la presión y por consecuente, terminas por abadonar.

Hay un audio libro de José Bobadilla en Ivoox llamado *"De la opinión a la convicción"* y tal y como cuenta, en nuestro primer momento en el que empezamos, estamos en un estado de opinión y si no pasamos a un estado de convicción nos dejamos el negocio rápido. De hecho, yo empecé a emprender con amigos de mi barrio y el único que sigue desarrollando el Network Marketing soy yo, los otros dos tomaron la decisión de dedicarse a otros rubros. La realidad es que ninguno viaja, ni gana, ni tiene el estilo de vida que tengo actualmente, pero todo es respetable.

Que tus primeros socios no continúen desarrollando el mismo negocio que tú, no quiere decir que tú no tengas futuro aquí, sino que simplemente aún no estás preparado para manejar un equipo de trabajo. De eso hablaremos en el siguiente capítulo.

Cuando recién empiezas, seguramente nadie te haya visto haciendo negocios antes. Lo más normal es que tengas un empleo o seas estudiante y sea la primera vez que emprendas. Quizá emprendiste alguna vez algún negocio tradicional pero te fue mal.

Lo que pretendo compartir aquí, es que tu entorno actual no te conoce como una persona de éxito en los negocios y no respeta tus emprendimientos. Si fueras una persona de éxito todo el mundo pediría hacer negocios contigo, todo el mundo querría que fueras inversor de su negocio, incluso te pedirían consultoría para hacer que su negocio actual mejorase y te lo transmito porque yo ya lo he experimentado.

Cuando recién inicias, te encuentras con que todo el mundo te da consejos de por qué te va a ir mal el negocio. Te aviso porque si no te ha pasado ya, te va a pasar y es mejor que sepas lo que te va a ocurrir para que estés vacunado.

Muchos y sobre todo tu familia, pensará que es una tontería pasajera, como cuando eres un niño y se te mete algo en la cabeza que luego a los días acabas dejando. Eso es lo que probablemente piensan que vas a hacer con el emprendimiento de Network Marketing que acabas de empezar.

El nuevo distribuidor recibe más rechazo en su primer mes que en toda su vida, seguramente porque nunca antes le había hablado a su entorno cercano o a su mercado caliente, de emprender un negocio, de ser su propio jefe, de conocer el mundo y ser libres financieramente.

El nuevo distribuidor empieza a recibir comentarios tales como:
- ¿En qué secta te has metido?
- ¿Sabes que estás en una empresa piramidal?

- ¡Te han lavado el cerebro!
- ¿En serio crees que eso funciona?
- ¡No seas tonto y sigue con tu trabajo fijo y seguro!
- Si fuera tan bueno, todo el mundo lo haría...
- ¿En serio crees que vas a ganar como el que empezó todo eso?
- ¡Ahí solo gana dinero el que está arriba!

De repente, empiezas a escuchar comentarios de personas que nunca jamás han construido nada y que no se han leído un libro de emprendimiento, ni de mentalidad, ni de educación financiera en su vida pero que ahora son *"expertos en negocios"* desde que saben que tú eres emprendedor y comienzan a hacerte la vida imposible.

Pasa lo mismo con los que van a los bares en España, que al tomarse 3 cervezas, se creen ministros de economía y con sus maravillosos e infalibles consejos arreglarían el país. Todo el mundo quiere que cambie la sociedad pero sin que ellos cambien. La sociedad es un reflejo de las personas que la componen y para cambiar ésta, tienen primero que cambiar sus integrantes, pero los expertos en economía de los bares de España y de todos los países, jamás cambiarán y sin embargo, pasarán toda la vida dando *"super consejos"* para que otros cambien.

Es incongruente. Eso ha sido así, es y será porque nuestro sistema educativo crea personas con esa mentalidad de mosquito.

Ahí está la capacidad que tengas en ese momento para escucharles por educación pero hacer caso a la persona que tiene el estilo de vida que tú quieres tener. Tienes que tener cuidado a quién escuchas porque puedes acabar como ellos.

Cuando tus padres te decían de pequeño que tuvieras cuidado con quién ibas ya que podrías acabar como ellos, es totalmente cierto. Somos el promedio de las cinco personas con las que más nos rodeamos. Si vas con 5 deportistas, serás deportista. Si vas con cinco fumadores, acabarás fumando y si vas con 5 idiotas, serás el sexto.

Si vas con cinco empleados que no llegan a final de mes y tienen más deudas que otra cosa, no esperes empezar tu negocio de Network Marketing y tener éxito, más bien prepárate para recibir quejas, mediocridad y razones de por qué te va a salir mal el negocio.

Quien sufra de esto, está totalmente desedificado en su entorno. No pasa nada, lo vamos a cambiar pero es un proceso, lo importante es que ya sabes a qué te enfrentas en esta guerra llamada libertad.

El desafío de muchas personas es que no quieren cambiar y prefieren quedarse mal, sin un entorno que los respete y amargados toda la vida, antes que cambiar y mejorar su autoimagen. La autoimagen es esa fotografía interna que tenemos de nosotros mismos y que está presente, cada vez que decimos o pensamos "yo soy" o "yo no soy" y es la responsable de decir "yo puedo" o "yo no puedo". Si tú no decides sacar tu mejor versión, nunca crecerás y si no creces estás decreciendo. O creces o decreces, no existe término medio.

La educación es clave para que un nuevo socio pueda entender la situación y el proceso personal que va a vivir, por eso darle libros como este y muchos otros libros de mentalidad es clave para no perderle como nuevo socio y que se deje influenciar por su entorno tóxico.

Formar el carácter es primordial y necesario. A la sociedad no le interesa que tengas esas habilidades porque prefieren que seas una ovejita y sigas al pastor, que por ejemplo sería el partido político de tu país.

Piensa en esto, desde los 3 a los 18 años vas a la escuela. Son 15 años recibiendo consejos de personas que ganan un salario promedio, más bajo que alto y que te dan consejos y establecen tus paradigmas de vida.

Durante 15 años lees libros que te programan y mentalizan que vas a ganar en el caso de España; de 1200 a 1500€ al mes. En el caso de América Latina podrían ser de 300 a 400$ al mes.

Entonces un buen día escuchas en una oportunidad de Network Marketing que esa cantidad la puedes ganar en 1 semana o un día y obviamente te parece raro ya que en un día te dan una información que contrarresta lo que te dicen durante 15 años. Es normal que te sorprenda.

Si vas a la universidad, súmale 4 años más en los que te comen la cabeza para que seas uno más del montón y seas conformista. Además te aconsejan que estudies un máster universitario, que es más dinero invertido, para apenas ganar unos cuantos euros más al mes.

¿Eso no es una secta de mediocres? Sin embargo aquí nadie se queja, mientras que en un negocio de Network Marketing podrías invertir ese dinero en tu marca personal, en viajar a convenciones o educarte en eventos genéricos de Network Marketing y te daría más calidad de vida que al final es lo que todos perseguimos y es una de las causas por las cuáles tus padres quieren que estudies, tengas una carrera universitaria y seas una persona de provecho.

¡Ojo! Quiero aclararar que mencionando anteriormente las carreras universitarias, me refiero a las de ciencias sociales y no a las de medicina, arquitectura, ingeniería, etc ya que estas sí que requieren de una gran formación y es un sector totalmente distinto.

PUNTOS DE ENSEÑANZA:

1- El 95% de los nuevos socios no están edificados en sus entornos sociales y van a recibir mucho rechazo, no porque no sean buenos para el negocio sino porque nunca antes se habían percatado del entorno que tenían.

2- Muchos mejoran cuando llegan a este punto

y crecen personalmente pero otros abandonan por la misma razón, tienen miedo de soltar lo ordinario para ir a por lo extraordinario.

3- Durante 15 años estamos programados de una determinada forma que al comenzar en nuestro emprendimiento es muy normal que nos sorprendan las altas cifras que se pueden llegar a ganar y que al transmitirlo a nuestro círculo cercano, éste comience a darnos consejos cuando ni siquiera han construido nunca un negocio pero es un proceso totalmente normal.

CAPÍTULO 2
SEGUNDA DESVENTAJA
HABILIDADES DE CREACIÓN
DE EQUIPOS DE TRABAJO

Recuerdo cuando estaba estudiando la carrera de International Business y me encontré unos apuntes debajo del pupitre y al dárselos a mi compañera que los había perdido, le dije bromeando - ¿Ahora me dejas fotocopiarlos para tener más info? - *ella sorprendida me dijo* - No, tengo que sacar de las mejores notas para tener la beca.

Esta reacción me impactó y me hizo reflexionar de que en el sistema educativo tradicional no se enseña a trabajar en equipo sino que prima mucho más el ser individualista y eso está genial pero en la vida real no se trata de ser invividual sino de tener un equipo de trabajo que te ayude, un equipo de personas en las que puedas confiar.

Cuando empezamos en Network Marketing, probablemente nunca antes hayas desarrollado habilidades de creación de equipos. Pocas personas lo han hecho. Aquellos que lo han hecho suelen ser alcaldes, CEO de compañías, pastores de iglesia, capitanes de equipos de fútbol, etc...

Un claro ejemplo es el equipo de fútbol. Probablemente de 25 personas que haya en el equipo, solo 1 es el capitán. En la vida real ocurre lo mismo, probablemente 1 distribuidor de cada 25 tenga dotes de creación de equipos y los 24 restantes tengan que aprender a desarrollar esas habilidades.

Entonces, ¿Qué ocurre? Existen dos opciones. Desarrollar las habilidades o dejarte el negocio al no tener resultados porque no tienes las habilidades. ¿Qué opción crees que es la más inteligente?

Si desarrollas las habilidades te irá mejor en todo. Por ejemplo, en tu trabajo, tu jefe te verá más preparado y si tiene que ascender a alguien, será a ti. Ese aumento podrás usarlo para que tu negocio de Network Marketing vaya a otro nivel, tengas mayor liquidez para reuniones, eventos presenciales, mejor vestimenta, mejor smartphone, etc.

También te irá mejor en tu relación sentimental porque sabrás liderarla mejor, serás productivo, con energía y liderazgo y el liderazgo es lo que más falta hace en este planeta tierra. Si tú lo desarrollas, marcarás la diferencia.

Sin embargo si decides dejarlo y abandonar tus sueños porque no tienes las habilidades, te pasarán varias cosas. La primera es que a todo el mundo que te dijo que no funcionaba, le darás la razón y perderás credibilidad y la credibilidad hoy en día es una de las cosas más importantes.

La segunda es que irás por la vida sin tener esas habilidades y no marcarás la diferencia. Nunca te irá bien en ningún negocio o empleo que requiera que construyas un equipo de trabajo. Un equipo de trabajo es simplemente tener personas a las que le tienes que liderar.

Una vez tengas formado tu equipo de trabajo, no va a ser nada fácil que todos vayáis en una misma dirección. Cada persona lleva una marcha diferente, por ende, cada persona va a una velocidad diferente.

Tengo muchos socios, y te verás identificado

también, que nada más comienzan, llevan una motivación muy alta. Han comenzado con unas expectativas increíbles ya que la presentación de negocio estuvo espectacular y por tanto, todo lo que llevan en su cabeza son ideas brillantes, positividad por las nubes y una sonrisa de oreja a oreja. ¡Esto no es malo! Me encanta la gente positiva, pero sería mejor si pusiesen sus pies sobre la tierra y supiesen todas las desventajas que le esperan y tuviese una visión más objetiva de sus futuros días en la compañía porque el Network Marketing, en un 99% de las ocasiones, no es un camino de rosas.

Tras unos días de motivación, comienzan a ver que no es nada fácil atraer personas al equipo, además no tienen desarrolladas las habilidades que creían tener, su entorno no es el más adecuado y no ven resultados. Esto es más común de lo que imaginas. Esa persona, comienza a bajar de marcha, se enfoca en otras cosas de su vida cotidiana, no le da prioridad a las formaciones de equipo o a conectarse al sistema y esa motivación que un día tuvo, da bajón drástico. Esta persona ahora va a una marcha diferente a la tuya.

Existen otros tipos de socios, los cuáles comienzan sin experiencia pero con ganas. Son enseñables y no cuestionan nada. Al comienzo pueden no priorizar el negocio ya que han decidido que éste sea su plan B por X motivos pero acuden a los eventos y se conectan a las formaciones del equipo. Este tipo de socios puede que en un futuro tome acción para ir de manera profesional a llevar su negocio al siguiente nivel o puede que quizá se mantengan siempre de esta manera. Igualmente, en un comienzo, esta persona va en una marcha diferente a la tuya.

Por otro lado, tengo socios que comienzan con mucha profesionalidad. Llevan una gran motivación porque emprenden en algo nuevo pero ya llevan trayectoria de varios años en otras compañías y son expertos en alejarse emocionalmente del resultado. Estas personas suelen comparar lo que tenían en sus antiguas compañías y lo que hay en la nueva.

En la mayoría de las ocasiones, las comparaciones son odiosas pero si eres ese líder que sabe dónde va y tienes un equipo de trabajo bien formado, donde todos participan y hay una gran armonía, ese tipo de socio enseguida se dará cuenta y eso reconfortará su decisión por comenzar a trabajar contigo. Si tienes grandes resultados, querrá estar pegado a ti y aprender a cómo tenerlos él también. Esta persona, ahora va en la misma marcha que tú.

También existen esos socios que nunca han emprendido pero son extremadamente enseñables. Estos me encantan. Tienen ese espíritu de querer comerse el mundo siendo realistas en que costará trabajo llegar a las metas marcadas pero son conscientes de que con constancia, acudiendo a eventos, leyendo, no cuestionando, conectándose al sistema y a las formaciones de equipo, más pronto que tarde, llegarán esos resultados esperados.

Me siento muy identificado con este tipo de socios porque yo también era así y aunque todos cometemos errores de principiante, nunca desprestigié el Network Marketing. Sabía que si no tenía los resultados no era por la compañía, ni por el modelo de negocio ni por mi sponsor ni nada por el estilo, era porque yo todavía no era la persona adecuada y por tanto debía seguir formándome.

Existen otros tantos tipos de socios, ya que cada persona lleva un pasado detrás y no todos son iguales, por tanto debes ser consciente de que no va a ser nada fácil construir un gran equipo de trabajo y no solo me refiero en cuanto al número de integrantes, sino a la calidad del equipo.

Vas a tener que afrontar quejas, discusiones y otras tantas cosas que no suelen gustar, hasta en ocasiones vas a tener que hacer esa "función de padre" y no permitir algunos comportamientos.

Ni siquiera la experiencia hará que dejes de sorprenderte. Quizá un día no sepas sobrellevar alguna situación diferente a las que te has encontrado. Lo importante es estar en constante aprendizaje para que cada día no solo tu negocio sea mejor, sino las personas, incluyéndote a ti, que lo componen.

Para que todo el equipo vaya en una misma dirección, depende de muchos factores. El más importante es la mentalidad de cada uno de ellos y es cierto que todas las experiencias que hemos vivido a lo largo de nuestra vida, han compuesto nuestra mentalidad pero no es cierto que no se pueda cambiar con el tiempo.

Una de las situaciones que más me encuentro es cuando una persona que ha sido toda la vida empleada, decide formar parte del equipo y se registra. Si nunca ha leído por su cuenta y simplemente se ha ceñido a seguir el sistema educativo y las órdenes que le ha marcado la empresa en la cual ha trabajado siempre, es muy probable que necesite más tiempo en aprender las habilidades de líder.

Un trabajador del sistema tradicional de empleo, está acostumbrado a realizar el trabajo justo para el cual ha sido contratado. No más, porque le van a pagar lo mismo y no menos, ya que correría riesgo su empleo. Está acostumbrado a dar para recibir y siempre expectante en cuál es la siguiente orden que le impondrá su superior.

Aquí, tú como sponsor, juegas un rol fundamental ya que si tienes un liderazgo autoritario, estarás reforzando esa mentalidad que siempre ha tenido, por lo tanto, deberás educarle haciéndole saber que sus resultados dependerán de su esfuerzo y si echa más horas, tendrá mayores resultados, que aquí él trabaja para él mismo y que en Network Marketing se da, no para recibir, sino para ayudar a ser mejor.

Si en el equipo, entra un socio de este tipo, rápidamente le doy libros que trabajen la mentalidad y cuando ésta ya esté más reforzada, le doy libros de habilidades.

Siempre suelo llevar libros a todas las giras a las que voy y recomiendo a todos los socios los que más valor me hayan aportado pero trabajo de forma individual con cada uno de ellos recomendando qué tiene que mejorar, si habilidades o mentalidad.

En un 95% de las veces, una persona que inicia en Network Marketing por primera vez, necesita libros de mentalidad, ya que este pensamiento no coincide con el que ha estado trabajando todos estos años pero si no hace una transición rápida y no trabaja las habilidades, es muy probable que termine abandonando por falta de resultados. Esto lo veremos más detenidamente en otro capítulo.

PUNTOS DE ENSEÑANZA:

1- Al iniciar en Network Marketing, un gran porcentaje de personas jamás antes han desarrollado habilidades de creación de equipo ya que en el sistema educativo tradicional, no se enseña.

2- Al desarrollar estas habilidades estarás más preparado no solo en tu entorno profesional liderando mejor a tu equipo, sino también en el entorno personal, aumentando una probabilidad de ascenso en tu trabajo o mejores relaciones personales entre otras.

3- Abandonar el aprendizaje de las habilidades no es la opción más viable ya que perderás credibilidad en tu entorno y nunca te irá bien en ningún otro negocio que intentes construir.

4- La creación de equipos de trabajo no es una tarea fácil ya que te enfrentarás a todo tipo de situaciones, incluso la experiencia no será tu mejor arma pero sí lo será el constante aprendizaje.

CAPÍTULO 3
TERCERA DESVENTAJA CAPACIDAD PARA CONECTAR AL SISTEMA DE TRABAJO DE LA COMPAÑIA

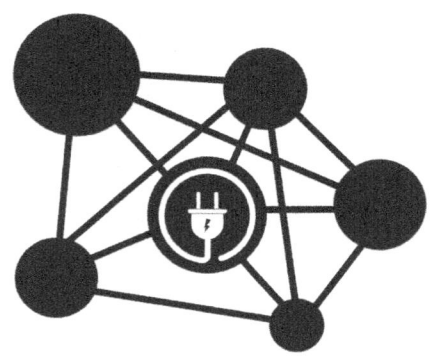

El crecimiento de un franquicia como McDonald's depende de que se siga un sistema de trabajo oficial de la franquicia, que el franquiciado determina y por el cuál tú pagas un % de tus ingresos cada mes.

En mi ciudad, hay una franquicia de carnes selectas que no funciona igual de bien que en otras ciudades de España porque el franquiciado de Valencia no sigue los pasos que le marcan desde la central y por eso sus ventas son más bajas.

El Network Marketing es igual. Si no conectas al sistema online y offline a tu equipo de trabajo, la probabilidad de crecer es menor. La clave del Network Marketing es crear esfuerzo compuesto, como dice Warren Buffet. Hacer que muchas personas hagan un pequeño esfuerzo cada día para la consecución de un objetivo común, que en este caso, por ejemplo, sería alcanzar tu próximo rango.

Normalmente el equipo de trabajo tiene que tener un sistema de capacitación visual, donde a través de una plataforma, se puedan conectar los diferentes socios de cada país a través de internet. De esta manera puedes transmitir un mensaje de manera masiva y a un coste muy reducido a todo tu equipo a la vez, a una misma hora y después de la llamada alentar para continuar produciendo.

Por ejemplo, en el equipo de trabajo, todos los días tenemos mínimo una videollamada grupal donde todos los integrantes de habla hispana se conectan a una determinada hora y damos formaciones y presentaciones online. Todos se apalancan del sistema y cuando un invitado ve 3.000 personas conectadas se asombra y piensa: *-Yo no me quiero quedar fuera de donde está la mayoría.*

Hay diferentes *softwares* para dar las presentaciones y cada año se van actualizando. Se trata de usar uno que sea *responsive* para que funcione bien desde el *smartphone,* ya que hoy en día es lo más usado para hacer Network Marketing.

Si quieres que el equipo tenga las probabilidades de crecer más rápido, agrégalos al sistema online. Si tienes sistema, perfecto y si no, tu trabajo será crearlo. Puedes hablar con tu línea ascendente para crearlo si no está creado. Normalmente la compañía te dará una capacitación a la semana o mensualmente, pero tú debes crear el extra de todos los días y tener llamadas con toda la organización.

Si lo realizas de esta manera, tendrás todo un equipo conectado escuchando las mismas palabras que podrían escuchar en un evento presencial. Obviamente, en un evento presencial, la energía es más alta, la gente puede estar más enfocada, se siente más el speech y más factores que benefician el offline pero no puedes estar presente todas las semanas en todos los lugares donde tengas equipo.

Al conectarse todos, estás llevando a todos los integrantes en una misma dirección y con el tiempo puedes incentivarles, haciendo videollamadas extra para los socios que hayan obtenido una clase de resultados en concreto o que los ponentes sean los que hayan logrado objetivos.

El estar conectados de manera online hace que el foco se mantenga durante un tiempo más prolongado y tener la llama viva y esto no suele ocurrir en un evento ya que los socios acuden, se llenan de información de ponentes, habilidades aprendidas y mucha motivación pero cuando llegan a casa, en la mayoría de las ocasiones, esa llama se apaga más rápido ya que te vuelves a reencontrar con ese entorno del que hablábamos anteriormente, tóxico, sin apenas creencia en ti ni apoyo.

En el online abres una pasarela que llega hasta la casa del socio, cada día, donde puede encontrarse desmotivado por X motivos cotidianos pero recibe esa dosis de formación y hace que mantega el foco en el negocio.

El sistema online puede darte esos beneficios y reforzar la parte presencial pero no debe ser el único sistema. El presencial es la base, es lo más importante. El Network Marketing es un negocio de personas y las personas quieren estar en contacto con personas.

Es fundamental hacer reuniones *1-and-1*, *home-meeting*, reuniones semanales, eventos mensuales y convenciones trimestrales. Eso es lo que mantendrá caliente tu negocio y por ende, tu cheque a final de mes.

El sistema presencial comienza por reuniones *face-to-face* y *homemeeting*. Reuniones donde simplemente quedas con el prospecto para tomar un té o café en cualquier bar de tu ciudad que tenga presencia y buen internet. Le presentas el negocio con bolígrafo y papel y ahí mismo firmas un directo.

Esto es beneficioso para ambos ya que al escribir, retienes más y estarás practicando una y otra vez la presentación y también lo es para el prospecto ya que está recibiendo la información no solo de manera auditiva, también visual y hay mayor probabilidad de que retenga la información. Al ser presencial también puedes trabajar la kinestésica.

Verás, existen tres formas de llegar a una persona, a esto le llaman VAK. Visual, auditiva y kinestésica. Hay personas que recibirán mejor la información si lo hacen de manera auditiva, otras que la entenderán mejor al estar apoyadas con diapositivas y la última es la kinestésica la cual actúa directamente y sobre todo en la experimentación de la persona.

Nuestro cuerpo posee memoria muscular, es capaz de actuar mediante recuerdos, experiencias e incluso estímulos inconscientes. Por ejemplo, si nos subimos en una bicicleta por primera vez, seguramente nos caeremos pero si seguimos subiendo, poco a poco veremos que nuestro cuerpo se va adaptando y va aprendiendo a moverse con la bicicleta sin caerse. Esto es el aprendizaje kinestésico. Escribir en un teclado sería también un buen ejemplo en donde nuestros dedos son capaces de moverse por el teclado incluso sin mirar las teclas.

Las personas que usan el aprendizaje kinestésico aprenden más con la experimentación, sienten el aprendizaje como algo participativo, necesitan sentir con su cuerpo para aprender y esto solo se consigue de manera presencial, es una de las ventajas más potentes que tiene este tipo de sistema.

Volviendo a las presentaciones, también puedes organizar en el salón de tu hogar, reuniones para presentar a 2, 3 o 4 personas a la vez.

Existen socios que hacen reuniones en su casa de aproximadamente 50 personas poniendo a los prospectos en las escaleras, en el sofá, de pie, en sillas extras o donde sea.

Aquí hago un inciso porque este tipo de reuniones las suelo hacer actualmente con socios del equipo pero dando formaciones, no presentaciones. Aquí solo acuden los socios que forman parte del negocio. Las suelo hacer cuando viajamos a otra ciudad o país y el equipo también se traslada.

Los días previos al evento, suelo agrupar a los socios en alguna casa. Se podría hacer en la misma sala del evento o alguna oficina pero me encanta el ambiente que se crea de unificación, de hermandad y concentración cuando no cabe ni un alfiler y se prende la llama y eso una de las tantas sensaciones bonitas que siento desarrollando este modelo negocio.

Volviendo a las reuniones de 50 personas en casas, cuando ponen una foto en redes sociales se crea la imagen de que no cabe casi apenas nadie y eso le da otro level a tu reunión porque da igual de lo que hables, si la casa se ve llena la gente querrá saber más.

Es como cuando vas a dos restaurantes, uno está vacío y otro está lleno, aunque el vacío tenga mejor calidad o sea más barato, por inercia entrarás al que está lleno sin apenas preguntar porque el ser humano acude donde está la mayoría.

Cuando ya no estés solo y tengas varios socios haciendo reuniones en cafeterías como *Starbucks* o cualquier otra que tenga unas prestaciones similares y veas que empieza el fuego y ya no solo estás tú enfocado, puedes dar el salto a hacer sistema semanal.

Diseña un flyer para anunciarlo y subir el nivel de compromiso. El sistema semanal es alquilar una vez a la semana, cada martes por ejemplo, una sala de 15-20 personas para hacer un evento donde expliques el negocio con diapositivas y proyector o lo expliques desde una TV pero que ya sea en una sala donde esté cerrada y vayas mejor vestido.

Este ya no es un lugar donde hay gente que no está en la presentación como puede ser una cafetería, tampoco es un lugar donde te pueden interrumpir, donde puede entrar un loco y gritar y desenfocar a tu prospecto y un sinfín de posibilidades que pueden ocurrir.

Cuando cada semana la sala se llena, ya tienes socios que ceden el asiento a los prospectos para que éstos estén más cómodos y los socios se queden fuera. Ahí, justo en ese momento, tienes que agarrar una sala más grande para las próximas presentaciones.

¿Cómo se paga la sala? Para ese entonces ya tienes que haber creado una cuota para que cada socio la pague y entre todos se cubran los gastos. Puedes nombrar a una persona que se encargue de la tesorería. También tendrás a otro socio que se encargue de estar en contacto con la imprenta para imprimir banners o cualquier material de marketing que requiera el equipo de trabajo.

Necesitas también alguien que coordine con una persona encargada del diseño de cartelería para cada evento, que realice fotos profesionales para las redes sociales y que haga videos para darle popularidad a cada evento.

Deberás gestionar un grupo de *whatsapp* o *telegram* donde se hable de temas de tu negocio de Network Marketing, nada de política, imágenes de buenos días, felicitaciones de cumpelaños ni cualquier otra cosa que desenfoque a los socios.

Será complicado, sobre todo en los países donde hay inestabilidad económica pero debes poner los *standards* altos, si no, en lugar de un negocio serio, tendrás un grupo de *cachondeo* y bromas y estoy seguro de que tú no quieres eso.

Una vez al mes tendrás que hacer un evento en fin de semana, normalmente se llaman súper sábados o súper domingos. Es un evento *full day* donde capacitas durante la mañana y por la tarde se hace la presentación de negocio.

Estos eventos se hacen en salas más grandes, normalmente mínimo 50-100 personas para un super sábado pero esto varía de muchas formas. Puedes hacerlo con los socios locales o por ejemplo traer a un invitado de fuera para crear expectativa, edificar al máximo el evento y llenarlo con más socios.

Cuando edificas a una persona de fuera, muchos socios que no asisten al sistema semanal, lo harán en el evento especial porque viene un invitado especial. Este invitado es la excusa perfecta para espabilar al socio que no tiene creencia, que no viene porque no podía o que simplemente aún no va en serio.

Los súper sábados funcionan muy bien y si los organizas correctamente, irás a otro nivel. Para ello tendrás que crear relaciones con los diferentes líderes de tu empresa para poder invitarlos. Tendrás que pagarles el vuelo y la estadía si éstos no residen en tu ciudad. Todo ese dinero se consigue de las entradas para el evento que en este caso serán un poco más elevadas que en el sistema semanal.

De hecho para el sistema semanal puedes sacar un pack para todo el mes y cobrar menos que si se paga cada semana, así acostumbras a tus socios a pagar por adelantado y cuando todo funciona por adelantado, sobre todo en América Latina, que por mi experiencia personal he visto que siempre están corriendo, todo está más organizado y salen mejor los eventos y por consecuente, se crece más.

PUNTOS DE ENSEÑANZA:

1- Tienes que tener un sistema presencial y un sistema online. Habla con tu equipo y con tu patrocinador o línea ascendente para crearlo. Necesitas tener a tus socios todos los días entrenando para sacar la mejor versión de ellos mismos, si no, tu negocio está condenado al fracaso.

2- Invierte en online, en material y salas para eventos y crea un sistema semanal que no dependa de tu presencia. No comiences la casa por el tejado, haz reuniones presenciales pequeñas y cuando no quepan más personas, asciende a salas de mayor capacidad.

3- La base es un sistema presencial, donde te harás fuerte, aprenderás este modelo de negocio desde la raíz y profundizarás en las relaciones personales. El sistema online lo reforzará y te hará traspasar límites en el mapa además de mantener el foco en todo tu equipo.

CAPÍTULO 4
CUARTA DESVENTAJA
HABILIDADES SOCIALES

Recuerdo cuando a los 8 años, en el colegio, tenía la asignatura de habilidades sociales. Nos enseñaban a comunicarnos, ganar amigos y tener más influencia. Era increíble porque desarrollabas confianza en ti mismo y sentías que eras capaz de hablarle a todo el mundo de lo que quisieras sin importar lo que opinaran.

Los compañeros de clase introvertidos trabajaban en ellos mismos y se volvían extrovertidos. Era súper entretenido aprender expresión corporal y oratoria. Podías observar el crecimiento personal de cada alumno y la profesora amaba lo que nos enseñaba. ¿Lo recuerdas tu también?

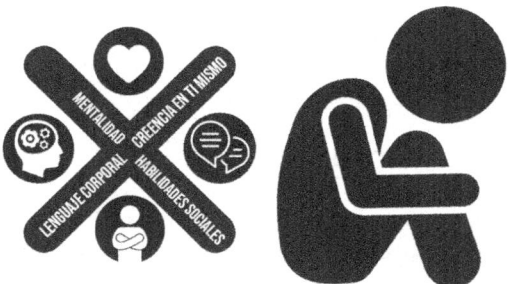

Obviamente amigos, estoy siendo irónico. En la actualidad, esto no ocurre en las escuelas porque no interesa que terminemos nuestros estudios como líderes de la escuela. Interesa que salgamos como seguidores, sin habilidades sociales, sin confianza en nosotros mismos y siendo unos mediocres.

Tienes que entender que a la sociedad no le interesa personas así porque si no, no nos pueden controlar tanto. Quieren que sigas unos dogmas establecidos y un *status quo* y si no lees, jamás sales de esos dogmas. Seguro que tienes muchos amigos así que cuando comenzaste en Network Marketing te decían que estabas loco, que a donde ibas, que buscases un trabajo normal y corriente, etc. Si acabas de empezar, probablemente, te veas tarde o temprano involucrado en una situación así con tu entorno.

Muchas personas carecen de habilidades sociales y eso es un fracaso para este negocio. Este es un negocio de personas y si no sabemos como interactuar, ni cómo funcionan estas, nunca vamos a tener resultados como para estar *full-time* desarrollándolo.

Las personas funcionan de una determinada forma y poder comunicarnos con ellas también requiere de unas habilidades como por ejemplo ser capaces de romper el hielo, crear confianza para conseguir un teléfono, saber no aceptar excusas, etc. Todo ello y mucho más es necesario para tener resultados económicos en esta industria.

Antes de los resultados económicos vienen los resultados en tu persona a la hora de tener confianza, saber hablar y sobre todo verte capaz de conseguir el éxito. Saber decirte a ti mismo que lo mereces es importantísimo, porque muchos networkers se autosabotean a sí mismos.

Hay demasiada gente en este mundo sin creencia en uno mismo y muchas de las personas que comienzan en esta industria quieren tener resultados económicos muy temprano e impactar en la vida de las personas ya que eso es lo que hacen los grandes líderes pero para impactar en los demás, tienes que trabajar primero el ser, impactar en ti mismo, incomodarte y conocerte. Reconocer tus inseguridades, trabajarlas y ser consciente de que eso va a doler es un gran paso.

La desventaja de las habilidades sociales es una de las más complejas ya que existen habilidades básicas como escuchar, saber presentarse, iniciar una conversación o incluso dar las gracias pero más allá de estas, existen habilidades más complicadas como empatía, capacidad de negociación, inteligencia emocional o saber disculparse.

Algunas de estas ya las venimos aprendiendo en nuestra infancia pero no ocurre así en todas las familias. Dependiendo de lo que te hayan enseñado desde bien pequeño, de la escuela a la que hayas ido, de las relaciones que hayas construido y los valores que te hayan inculcado, va a depender que poseas diferentes habilidades sociales.

Por eso mismo, cuando comenzamos en Network Marketing, a veces nos sorprendemos de que hay personas en nuestro alrededor, que acaban de comenzar y ya obtuvieron resultados.

Todos, y aquí estarás de acuerdo conmigo, hemos tenido ese amigo al que todo el mundo le cae bien. Parece que sea un don innato de esa persona. Ese amigo de clase al que siempre le reían las gracias, todo el mundo quería ser su amigo y le invitaban a todos los cumpleaños.

Probablemente ese amigo haya aprendido unas habilidades sociales inconscientemente a lo largo de su vida. Desde pequeño le han enseñado mediante educación a cómo tratar a los demás niños o por experiencias propias ha obtenido esa personalidad tan característica.

Como verás, la mayoría de nuestras limitaciones, virtudes e inseguridades, vienen de tiempo atrás.

Algunas vienen con mucho arraigo ya que las has ido arrastrando desde tu infancia y otras las has ido adoptando a lo largo del tiempo por diferentes experiencias vividas.

El punto de inflexión está en cuando te das cuenta de las virtudes que te están favoreciendo a crear relaciones y avanzar y las diferencias de las que te impiden ese proceso.

Yo, nunca antes le había dado tanta importancia a dichas habilidades hasta que comencé a leer más y ver que éstas podían favorecer no solo mi negocio, sino mis relaciones personales y que se podían aprender dedicándoles tiempo y trabajo.

Esto suena increíble pero hay muchas personas que se empeñan en decir "es que él es así"o "yo soy como soy y punto", y esto no es cierto, todos podemos trabajar en ello y cambiar todas las cosas que nos impiden avanzar o nos están perjudicando a cualquier nivel, tanto laboral, profesional o espiritual.

Las habilidades sociales son imprescindibles ya que éstas nos permiten relacionarnos con los demás de manera satisfactoria, ya sea en la familia o amigos.

Si practicamos y desarrollamos estas habilidades, vamos a marcar la diferencia en el equipo de trabajo, siendo solucionadores de problemas o en relacionarnos con nuevos prospectos y disminuir el estrés en situaciones sociales entre otros beneficios.

PUNTOS DE ENSEÑANZA:

1- En la actualidad, en las escuelas no se enseña este punto porque no interesa que terminemos nuestros estudios como líderes de la escuela, interesa que salgamos como seguidores.

2- Las personas funcionan de una determinada forma y poder comunicarnos con ellas también requiere de unas habilidades que en ocasiones, hemos aprendido desde bien pequeños, a lo largo de nuestra vida en diferentes momentos y otras las podemos ir aprendiendo.

3- La desventaja de las habilidades sociales es una de las más complejas y la habilidad más pagada en Network Marketing es la de creación de relaciones, por tanto es muy importante incidir en esta desventaja que muchas veces se pasa por alto.

CAPÍTULO 5
QUINTA DESVENTAJA
LAS REDES SOCIALES

Este capítulo me encanta. Las redes sociales como Facebook, Instagram, Youtube o la recién descubierta por muchas personas de mi generación, Tik Tok, te permiten alcanzar personas que de manera presencial nunca podrías llegar. ¿Sabes qué ocurre?

Lo cierto es que nunca nos han enseñado en la escuela a tener buenas redes sociales. No interesa y tú sales del sistema educativo tradicional sin un buen perfil en las mismas. Personalmente, pienso que en un futuro sí se tomará en cuenta en la educación tradicional pero todavía pasarán unos cuantos años hasta que se normalice y se entienda que sí son muy potenciales.

Hoy en día un buen perfil de Instagram por ejemplo, te puede dar mucha más calidad de vida que 2 carreras universitarias ya que sin ir más lejos, te pueden generar más tiempo con tus seres queridos, que teniendo un trabajo tradicional.

Al final nuestros padres nos mandan a la universidad porque quieren que tengamos una buena calidad de vida. Nos enfocan en conseguir una carrera, luego un máster, tener 2 idiomas extras al tuyo nativo y entonces vendrá una gran empresa que te contrate para muchos años.

Esa es la teoría, pero en la práctica funciona muy diferente y seguramente te habrás dado cuenta ya que por eso estás leyendo este libro. Yo mismo estudié una carrera universitaria, concretamente International Business en la Universidad de Valencia y estuvo bien conocer a personas increíbles, ya que eso es lo mejor que me llevo.

Sinceramente no me acuerdo de todo lo que memorizaba en los exámenes de microeconomía, macroeconomía, econometría, matemáticas financieras, contabilidad, valoración de empresas, marketing internacional, etc.

Creo que en la vida real del día a día prima mucho más a quién conoces, lo buena persona que eres, lo educado que eres, tu círculo social cercano o la autoeducación que te das entre otras cosas.

Volviendo al tema de las redes sociales, hoy en día, en el 2019, ya casi 2020, es OBLIGATORIO tener buen perfil de Instagram, Facebook y Youtube como mínimo. Es clave diferenciarse del resto y no ser una marca genérica.

Imagina que sales de la carrera universitaria y toda tu clase saca un 10 sobre 10. ¿Qué te diferenciaría del resto de tu clase a la hora en la que una empresa te contratara? Respuesta: tu marca personal. La pregunta es: ¿La estás trabajando?

Seguramente no, pero espero que con este capítulo tomes conciencia de lo importante que es. Si estás en un país donde la tecnología no es puntera, no pasa nada, usa lo que tengas a tu alcance y da lo mejor de ti. Acción masiva instantánea es lo que tienes que aplicar. Nada de esperar a mañana, hoy es el día, mañana es tarde.

Os tengo que confesar que yo siempre he sido de Android pero hace un año di el cambio a IOS y la verdad que mis redes sociales han ido a otro nivel aunque para gustos, colores pero aquí va mi opinión personal de las prestaciones que tiene IOS y lo que me ha facilitado.

Tener un buen *smartphone* es clave ya que lo usas a diario para hacer fotos, hacer llamadas, sacarlo del bolsillo cuando haces una reunión y que se vea que tienes nivel… Suena algo superficial pero seamos realistas, sucede de esta manera.

Mi negocio de Network Marketing me da el dinero que me da, por culpa de las redes sociales. Compartir material de valor en redes sociales me posicionó en la industria y junto a una compañía puntera me permite estar al nivel en el que me encuentro hoy en día.

Siempre lo digo y siempre lo diré, *"Si la gente no sabe que tú sabes, se piensa que no sabes"*. Hay mucho tiburón de la vieja escuela que sabe muchísimo pero al no estar posicionados en redes sociales, nadie los conoce, entonces aparece Jorge Torres, está más posicionado y se registran con Jorge en lugar de registrarse con el tiburón de la vieja escuela.

Es clave estar en los motores de búsqueda de tu compañía. Ese es uno de los trucos mejor guardados de muchos de los *top earners* de distintas compañías.

Las redes sociales te permiten contactar y sobre todo que te contacten y de ahí derivar a una reunión por videollamada con tu prospecto.

También permite que los líderes de tu equipo vean que estás *on fire* ya que publicas todos los eventos, *homemeeting* y reuniones *1-and-*

1 que realizas. Esto genera urgencia al demostrarle al mundo que se están quedando fuera de un movimiento emprendedor y eso, créeme que ayuda. Yo por ejemplo construyo mi negocio por internet para firmar directos en más de un 90%.

Es decir, gracias a las redes sociales, contacto y me contactan y una vez he hecho la afiliación de esa persona, ya pasamos al presencial. Conozco a la persona de manera presencial pero la mayoría de las veces, el primer contacto es a través de redes sociales y para mi es lo más cómodo.

No es duplicable que todos tengan una potente marca personal pero si quieres ganar más de un millón de dólares al año, debes marcar la diferencia y hacerlo. Además te posicionará con otros líderes de otras compañías, serás más conocido y se apalancarán de tus info productos. Ese es el siguiente paso.

Cuando recomendamos nuestra compañía de Network Marketing, cobramos una comisión sobre la facturación. El siguiente paso, cuando ya seas un líder fuerte en tu compañía, es que saques tus propios info productos como por ejemplo he hecho yo con este libro, donde un gran porcentaje de la comisión es para ti, logrando así otra fuente más de ingresos residuales.

Haces el libro una vez, lo revisas, lo publicas y cobras comisiones cada vez que se vende. Simple, sencillo y funciona.

Tener redes sociales no es suficiente, tienes que subir de manera diaria contenido de valor y diferenciado. No ser una copia más, tener tu estilo y marcar la diferencia. Al principio lo harás tú todo pero con el tiempo encontrarás personas que te ayuden a producir el contenido de manera más profesional y con el tiempo también te crearán el contenido antes de producírtelo y viralizártelo en los diferentes medios sociales.

La optimización del tiempo aquí es muy importante y muchas personas tienen como referentes a creadores de contenido que ya llevan mucho tiempo dedicados a las redes sociales y por tanto su contenido es de un nivel muy elevado al cual no se accede de la noche a la mañana.

EJEMPLOS DE MI INSTAGRAM @JORTOCU

Las personas, al iniciar, quieren hacer un contenido extremadamente bueno y la mayoría de las veces no es viable por lo que yo siempre recomiendo hacer Acción Masiva Imperfecta lo cual significa que crees contenido, sin enfocarte tanto en los detalles que haría un profesional, simplemente en la creación de ese nuevo hábito, porque déjame decirte que no es nada fácil publicar todos los días en redes sociales, grabarte un vídeo o hacerte una sesión de fotos.

Como decía es un hábito que poco a poco tenemos que instaurar en nosotros mismos y por eso mismo tenemos que implantar la Acción

Masiva Imperfecta. Después con el tiempo, podremos ir puliendo detalles, centrarnos en tener un mejor contenido y mejor material de grabación entre otras cosas.

Poco a poco nos daremos cuenta de que cada vez nos cuesta menos ponernos a crear nuevo volumen de trabajo y por ende, estaremos optimizando nuestro tiempo.

También recomiendo fijar un día para la creción de contenido. Ese día aprovecharemos y estaremos listos para hacer una sesión de fotos y siempre recomiendo ir a un estudio y hacernos una foto profesional que pondremos en los diferentes flyers de presentación o de perfil en nuestras redes sociales. Tras esa sesión de interior, recomiendo aprovechar y hacer una sesión en exteriores.

También estaremos preparados para grabar vídeos acerca de nuestra compañía, de nosotros mismos, de consejos para el equipo o cualquier contenido que se nos ocurra y seguramente, al finalizar todo un día de creación de contenido en el que hemos grabado vídeos y nos hemos motivado, podamos cerrar con alguna videollamada para aprovechar que tenemos la llama viva y transmitir a toda la organización lo eficientes que hemos sido durante la jornada.

Todo un día dedicado a nuestra marca personal en la que también hemos aprovechado para hacer algún que otro "live" y compartir toda nuestra caminata.

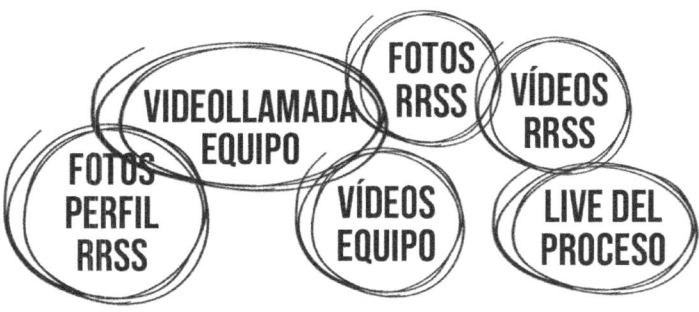

Muchas veces no le dedicamos la importancia que merece a las redes sociales porque no vemos un resultado instantáneo pero nos puede generar residuales ya que un vídeo subido a nuestro canal de youtube, por ejemplo, es un trabajo que hemos realizado una sola vez.

Hemos dedicado unas horas en prepararnos un guión, acicalarnos y ponernos a grabar y una vez subido puede llegar a millones de personas.

Un solo vídeo, millones de personas. Suena increíble. ¿no? Pero no nos emocionemos y nos pongamos a grabar vídeos a diestro y siniestro, a menos que queramos ser youtubers. En el equilibrio está la clave.

En el capítulo anterior, hacía incapié en que la base del Network Marketing era el presencial y aquí vuelvo a recordártelo porque las redes sociales nos pueden catapultar y hacernos visibles pero si no trabajamos el presencial, poco tenemos que hacer.

Siempre digo que alguien que se dedique únicamente al presencial, seguramente le pueda ir bien en su negocio pero una persona que únicamente se dedica al online, está careciendo de relaciones presenciales y lamentablemente, su éxito en un negocio de Network Marketing tiene los días contados.

Soy amante del online porque mi generación ha vivido la aparición de internet, la transición de enciclopedias a búsquedas en google. La extinción de alquiler de películas en videoclubes a la descarga de vídeos en diferentes plataformas o a la sustitución del carrete de fotos a una tarjeta de memoria.

Aquí pueden entrar en debate las personas tradicionales pero esta rápida transición, para mi ha sido extraordinaria y muy favorecedora para nuestra industria ya que a un solo clic podemos tocar el corazón de las personas, podemos transmitir la visión de nuestra compañía con una videollamada, estar en contaco con miles de socios mandando un solo mensaje o llegar a un acuerdo con los líderes sin necesidad de recorrer cientos de kilómetros.

PUNTOS DE ENSEÑANZA:

1- Crea perfiles en las redes sociales si no los tienes. Es importante estar en el mundo online.

2- Sube contenido de valor a diario. Sé paciente y todo llegará.

3- El objetivo es levantarte y tener prospectos interesados en trabajar contigo y que los puedas firmar a través de una videollamada.

4- Invierte tiempo en tu imagen personal, haciendo sesiones de fotos y vídeos para tener contenido y después viralizar. La optimización de tu tiempo es importante así que es bueno dedicar un día entero a esta tarea.

CAPÍTULO 6
SEXTA DESVENTAJA
MENTALIDAD MEDIOCRE

Estamos programados para ser uno más, para seguir órdenes y paradigmas establecidos que nos guían a tener una vida mediocre.

Con vida mediocre me refiero a no poder darle la educación soñada a tus hijos, poder vivir en los mejores barrios de tu ciudad, llevar un buen coche por si algún borracho se choca contigo, que la seguridad del coche te proteja al 100%, comer buena comida y no vivir endeudado entre otras cosas.

Esta mentalidad mediocre, se practica desde los 3 a los 18 años y en la universidad se refuerza, por lo tanto al comenzar en Network Marketing, no nos ayuda mucho, por eso al principio puedes obtener éxito pero cambiando la mentalidad, no a nivel económico. Por eso mismo, muchos no resisten, porque no son capaces de cambiar la mentalidad y ahí es donde está la clave del proceso.

Somos creados para ser empleados y un empleado cobra un ingreso, paga impuestos y luego gasta, mientras que un empresario ingresa dinero, gasta y de lo que le sobra, paga sus impuestos.

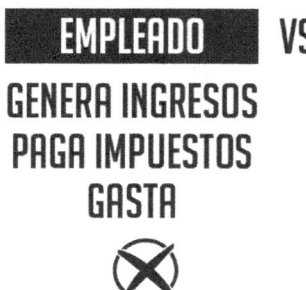
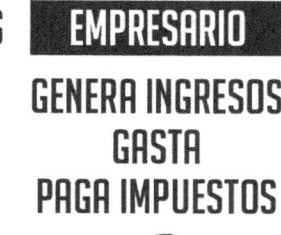

Tenemos mentalidad de que nuestro futuro lo cambiará el partido político, nuestra familia o jefe y eso no es así. Tenemos que ser conscientes de que somos nosotros mismos los responsables de nuestro propio éxito y que nosotros tenemos que marcar la diferencia, que obviamente no es fácil pero merece la pena luchar por tus sueños.

Ir con amigos mediocres, tener una pareja mediocre o familia mediocre, no te lo pone nada fácil pero has de entender que son relaciones obligatorias y que debes de respetarlas, amarlas y usarlas como tu *por qué*, para una vez conseguido tu objetivo, disfrutar con ellos que al fin de cuentas son parte de ti.

No todo el mundo va a amar ni entender lo que haces, solo es cuestión de que crees tu propia tribu que te siga y te de dinero y comisiones alrededor de un producto que te apasione. Este proceso lleva unos cuantos años pero mucho menos que la escuela o la universidad.

Suena irónico que nos preparemos 18 años para el fracaso y no le dediquemos ni un mes a nuestro éxito.

Con esto me refiero a los tantos y tanto socios que un día quisieron comenzar y "darle con todo". Los que un día estuvieron motivados, te hablaron de sus sueños y de la vida que querían y en un mes de negocio en el que no han obtenido el resultado esperado, deciden volver a su trabajo tradicional del que un día se quejaron.

La mediocridad abunda en las calles de hoy en día y no nos damos cuenta hasta que no decidimos ir un paso por delante y comenzar a alimentar nuestro cerebro, eliminar el ego, aprender acerca de educación financiera, trabajar nuestras relaciones personales, eliminar nuestras inseguridades y crear nuestra mejor versión.

Con el tiempo he desarrollado ese famoso ojo clínico que tienen muchos profesionales de cualquier sector y con una breve conversación con una persona puedo identificar si en su vida diaria lee o no.

Un simple gesto egoísta, una mente de escasez, un comportamiento egocéntrico, un debate sin argumentos o una actitud incoherente pueden ser factores que determinen que esa persona no está nutriendo su cerebro y ese ojo clínico lo vas desarrollando en función que vas aumentando tu nivel de liderazgo y desarrollo personal.

Un claro ejemplo en la industria es cuando un socio se queja por el coste de una entrada a un evento o de un libro que probablemente pueda cambiar su mentalidad.

Este comportamiento es muy habitual y se trata de una mentalidad que vive en escasez FM. Tú eres libre de cada día decidir si quieres vivir en escasez FM o abundancia FM.

Un comportamiento en abundacia sería comprar la entrada a ese evento o ese libro que tanto han recomendado líderes de la industria con grandes resultados, a cualquier precio, por elevado que sea, ya que la visión de una persona abundante es que ese libro va a darle mejores resultados de los que ahora tiene y ese evento va a aumentar su nivel de compromiso en la compañía lo cual le generará ingresos a largo plazo.

También se trata de una mentalidad de escasez cuando una persona se impone limitaciones y se aplica a si mismo frases como: "Yo jamás podré llegar a eso", "Eso es imposible", "No puedo"..

Entiendo que en muchas ocasiones nos podamos sentir pequeños porque las situaciones que estamos afrontando son nuevas o las personas que estemos tratando tienen gran experiencia pero esas frases son tan peligrosas en nuestra mente, que si las continuamos diciendo inconscientemente, se creará una limitación cada vez más grande y por tanto cada vez será más dificil salir de ella.

Recuerda que tu subconsciente no entiende de bromas y te animo a que sustituyas la frase "No tengo dinero" por "No tengo liquidez".

"No puedo" por "Todavía no he aprendido a hacerlo".

"Jamás podré llegar a eso" por "Suena increíble pero con duro trabajo podría llegar a hacerlo".

Y con estas frases se me viene a la mente esos "no tengo dinero", "no tengo tiempo", "no tengo los recursos", "no tengo, no tengo, no tengo".

Carajos! Si no tienes nada, no tienes nada que perder (como bien diría Daniel Habif).

NETWORK MARKETING - LAS 7 DESVENTAJAS

¡Y cuánta razón! Conozco personas endeudadas que se endeudaron todavía más para iniciar en un negocio de Network Marketing porque sólo veían la salida a algo positivo.

Si perdían el dinero invertido, eran solo unos cientos más de dólares sumados a su tremenda deuda pero si tenían éxito en el negocio, podían hacer desaparecer esos problemas económicos y vivir la vida que siempre han querido.

Cuando has estado tan destruido y ves una luz, por pequeña que sea, vas con todo porque ya no tienes más que perder y esas mismas personas son las que muchas veces vemos en el escenario, escuchando sus increíbles testimonios de cómo estaban bajo tierra y consiguieron tocar el cielo.

¡Me encantan esos testimonios pero sobre todo cuando soy yo esa persona que un día les presentó la oportunidad e impacté en sus vida haciendo que tomasen una de las mejores decisiones en mucho tiempo.

Los líderes no son aquellos que hacen grandes cosas, sino aquellos que hacen que su equipo haga grandes cosas. Esta frase la dijo un líder del equipo y no puedo estar más de acuerdo. También escuché hace poco en una convención

que el cheque no es igual al líder. Hay personas que montan una organización de la noche a la mañana porque meten mucho fuego y emoción y sin embargo carecen de liderazgo.

Con el tiempo me he dado cuenta de que si quizá no subía de posición en mi compañía era porque no estaba siendo el líder que el equipo necesitaba.
También me he dado cuenta de que en cada

escalón, tienes problemas diferentes. Quizá en algunas ocasiones no sepas cómo solucionarlos y puedas caer en estrés, por eso mismo, levantarte con una frecuencia mental sintonizada en abundancia FM, es imprescindible.

Este es un hábito que no es nada fácil, pues la sociedad, en muchas ocasiones nos incita a que actuemos de una manera determinada en lugar de la que sería la correcta para nosotros.

PUNTOS DE ENSEÑANZA:

1- La mentalidad mediocre se practica en una media de 15 años, por tanto al comenzar en Network Marketing estamos más bien perdidos.

2- Tener éxito no solo es tener dinero, tener éxito al comenzar en esta industria, sin apenas experiencia, es cambiar la mentalidad que hemos tenido durante toda nuestra vida, ya que este es un gran avance.

3- Mucha gente, tiene sintonizada una frecuencia de escasez FM y con ello se limitan diciéndose a si mismos que no pueden, que es imposible y comienzan a cuestionar poniéndose excusas en lugar de afrontar para avanzar.

4- Los líderes no son aquellos que hacen grandes cosas, sino aquellos que hacen que su equipo haga grandes cosas y no siempre estamos preparados para la posición de nuestra compañía que queremos lograr. Debemos aceptar que quizá no estemos siendo el líder que debemos ser y esa responsabilidad es únicamente nuestra.

CAPÍTULO 7
SÉPTIMA DESVENTAJA NO TENEMOS EDUCACIÓN FINANCIERA

Si recién empiezas en esta industria, probablemente, no tengas ahorros. Yo tampoco los tenía. De hecho mi mejor amigo me prestó para poder comenzar a medias en mi primera compañía de Network Marketing y luego, con mis primeras ganancias, se lo devolví.

Vivía al día y no tenía ahorro pero sobre todo no tenía la mentalidad de ahorrar por cualquier imprevisto que pudiera pasar y eso es una clara desventaja que gracias al Network Marketing fui puliendo.

Recuerdo cuando no tenía ni 100€ y ahorrarlos era todo un logro. Después ahorraba de 1.000€ en 1.000€ y era como una progresión mental increíble para mí y hoy en día ahorro de 10.000€ en 10.000€. Es simplemente seguir la rueda del juego y no quedarte fuera. Próximamente ahorraré de 100.000€ en 100.000€ pero todo parte de la misma base.

El Network Marketing me encanta porque te hace la transición de pensar en un sueldo a pensar en facturación y posteriormente pasar de facturación a crear patrimonio.

MENTALIDAD CON EL TRANSCURSO DE LOS AÑOS

Cuando creas patrimonio ya estás en otro nivel y cuando tu patrimonio te da más que tu negocio de Network Marketing ahí está la verdadera riqueza y te das cuenta que haces esto por aportar valor al mundo.

En esta industria enseñamos al distribuidor nuevo a cambiar de mentalidad de empleado a mentalidad de empresario.

Un empleado recibe para luego dar y un empresario da para luego recibir. Ese cambio es clave y muchos nunca lo harán, pues si no tienes un entorno propicio, nada ocurrirá.

En cuanto al Network Marketing, muchas veces sucede que un socio ha alcanzado una posición muy alta en la compañía en la que el cheque ya tiene un alto valor económico y en ocasiones no se sabe administrar bien. Al ver su cuenta llena de ceros comienza a gastar y gastar sin control ya que nunca se ha visto involucrado en ganancias tan elevadas.

Recomiendo que antes de llenar tu bolsillo de dinero, llenes tu mente para saber como poder administrarlo después.

Un claro ejemplo es cuando una persona gana

la lotería. Aquí en España, el premio de la lotería en época navideña es muy elevado y la gente se deja el dinero comprando décimos.

¿Qué ocurre cuando a una persona de a pie, con perfil bajo, con su trabajo o negocio tradicional que nunca ha recibido educación financiera, le toca la lotería? Que al próximo año ya no le queda nada de dinero. Lo ha gastado practicamente todo y no ha obtenido ningún beneficio. No ha generado residuales. Simplemente se ha dedicado a gastar y gastar. ¿Por qué? Por falta de educación financiera.

Este tipo de personas ven gastos donde los emprendedores ven inversión. Por ejemplo, inviertirían antes en un casa cara para vivir toda la vida en lugar de comprar varias para después alquilarlas y obtener ganancias residuales.

GASTAR EN UNA CASA CARÍSIMA PARA VIVIR **INVERTIR EN CASAS PARA DESPUÉS ALQUILAR Y OBTENER RESIDUALES**

Al final de todo, una persona sin educación financiera, no ve la posibilidad de hacer dinero con dinero.

Al igual que hay personas que piensan que el dinero es malo. ¿Tú lo piensas? Respóndete a ti mismo o pregúntaselo a alguien que tengas a tu alrededor ahora mismo.

¿Has pensado que sí lo es? ¿La persona de tu alrededor piensa que lo es? Déjame decirte que el dinero solo potencia lo que eres. Si eres una persona bondadosa, generosa y a la que le gusta hacer el bien, con dinero lo serás más porque podrás destinarlo a cosas buenas así como asociaciones, ONG o por ejemplo cualquier proyecto que aumente la calidad de vida de algun colectivo.

Si eres una persona avariciosa, envidiosa o aprovechada, con dinero lo serás todavía más y lo utilizarás para hacer el mal o comprarte cosas y mirar por encima del hombro a los demás para dar envidia y hacer pensar a la gente que no tiene liquidez, que es miserable.

El dinero solo potencia lo que eres. Ahora te pregunto: ¿Qué te pontenciaría a ti el dinero?

PUNTOS DE ENSEÑANZA

1- En Network Marketing enseñamos al distribuidor nuevo a cambiar de mentalidad de empleado a mentalidad de empresario.

2- Antes de llenar tu bolsillo de dinero, llena tu mente para saber cómo poder administrarlo después.

3- El dinero, unicamente potencia lo que eres

Pregúntate a ti mismo en qué invertirías si tuvieras una generosa cantidad de dinero.

Puedes escribirlo en estas próximas líneas y compartirlo en redes sociales con el siguiente hashtag: **#ElDineroPotenciaLoQueEresJT**

Yo, con más ingresos, sería _____
_____
_____
_____

Y además invertiría en _____
_____
_____
_____

CONCLUSIÓN
MI OPINIÓN PERSONAL SOBRE TODO LO REDACTADO

Bueno; Y después de todos estos capítulos ¿qué hago? Te estarás preguntando.

¿Pensabas que ibas a leer este libro y tener el botón mágico para hacer clic y que tu negocio explotara?

¿Pensabas que tu negocio iba a crecer sin que tú crecieras como persona?

¿Pensabas que por menos de 10€ que es lo que vale el libro, te ibas a hacer millonario?

No seas ingenuo o ingenua y sé consciente de que esto ha sido, es y será un camino simple pero duro.

Recuerda, como decía Luis Costa: Cuando el camino se pone duro, solo los duros permanecen en el camino.

¿Por qué es un camino duro Jorge?

Dime qué emprendimiento no es duro, dime qué negocio te da miles de dólares al mes de la noche a la mañana, dime qué negocio crece sin que tú le dediques todo tu esfuerzo, dinero y muchas horas al día.

Lo que debes de sacar como conclusión es que debes ser bueno en los 7 campos que he descrito en cada capítulo.

Esto es como una rueda y si no están todos los campos desarollados, no girará con fluidez.

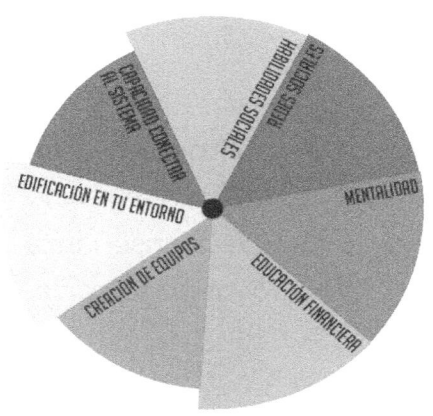

Tienes que dedicar tiempo y tesoro (dinero) para desarrollar talento en estas siete áreas.

No será de la noche a la mañana. No será instantáneo. Tómatelo como una carrera de fondo, no como un sprint.

No te agobies, no te frustres por no llegar y que los demás estén llegando más rápido que tú.

Simplemente disfruta el camino pero todos los

días, sea año nuevo, día de navidad, tu cumpleaños o cualquier fecha importante, debes hacer las tareas básicas que te llevarán a donde tanto anhelas estar.

Invierte en seminarios para cada área donde eres débil a día de hoy.

Lee más libros de las áreas donde quieres mejorar. Haz amigos que sean buenos en áreas donde tú flaqueas.

Sigue por redes sociales a tus mentores y cómprales mentoría, ya que esa mentoría vale mucho más y es mucho más específica que la enseñanza de una carrera universitaria como ciencias sociales.

Recuerda por favor, que estoy a favor de emprender en ciencias sociales. En carreras fuera de ciencias sociales como medicina, arquitectura, ingeniería, estoy a favor de que la gente estudie.

Pero si estudias Adminsitración de Empresas, Finanzas o cualquier otra carrera de esta índole, por supuesto que estoy a favor de que emprendas ya que te dará mejor calidad de vida que siendo empleado para otra persona.

Te recomiendo que nos sigas por nuestras redes sociales como instagram, facebook, youtube y sobre todo en mi página web, así podremos seguir estando en contacto y tendrás muchísimo contenido gratis acerca de cómo ser mejor emprendedor y lograr tus metas.

A pesar del éxito que hemos tenido, soy consciente que debo tener los pies en la tierra, que debo seguir trabajando igual de duro, que debo seguir aprendiendo, ya que ni mucho menos lo sé todo y sobre todo tenemos que agradecer el buen momento que estamos viviendo.

Todo en la vida es cíclico. Pasaremos por verano, primavera, otoño e invierno y debemos estar preparados para el invierno ya que por mucho que no queramos, siempre viene.

Gracias de corazón por haber llegado hasta

aquí y haberte leído mi primer libro, que ciertamente, me hacía mucha ilusión lanzarlo y que tú hayas sido uno de mis lectores, lo aprecio mucho.

Estaré encantado de si tienes tiempo y quieres, me mandaras un email contándome tus impresiones más cercanas sobre el mismo a la dirección: *jorge@jorgetorresculla.com*

Sé que lo mejor todavía no ha llegado. Siempre vivo con ese pensamiento ya que siempre estoy en una constante mejora.

Ojalá, este libro, hubiera caído en mis manos hace ya como 7 años atrás para poder entender por todo lo que iba a pasar y lo que iba a sacrificar pero agradezco cada tropezón que he dado, los momentos de desconcierto, de incertidumbre, de no saber qué hacer, de desconfianza por parte de mi familia y amigos y de indecisión por mi parte. Por no saber si realmente esta industria era para mí, si este era mi lugar y si en un futuro podría llegar donde estaban mis mentores.

Estuve a punto de tirar la toalla en varias ocasiones pero algo en mí me animaba a continuar porque siempre es mejor arriesgar algo que quedarte con la pregunta de ¿Qué hubiera pasado?

Hoy en día sé que todo esto es posible y no cambiaría ni una decisión tomada a lo largo de esta trayectoria.

Gracias por leerme, para mí es un privilegio.

Made in United States
North Haven, CT
10 June 2022